Gerhard A. Spiller Es schnurrt die Samtpfote

Gerhard A. Spiller wurde 1964 im niedersächsischen Ölsburg geboren. Seit Beendigung seines Studiums der Verwaltungswissenschaft in Konstanz am Bodensee arbeitet er als Beamter in einer niedersächsischen Kommunalverwaltung. Er ist Mitglied der Deutschen Haiku-Gesellschaft, der Gesellschaft für zeitgenössische Lyrik, der Schlaraffia Peine und des Literaturzirkels Peine.

Gerhard A. Spiller

Es schnurrt die Samtpfote

Haiku über Katzen und Kater

FSC
www.fsc.org
MIX
Papier aus ver-
antwortungsvollen
Quellen
Paper from
responsible sources
FSC® C105338

© 2020 Gerhard A. Spiller

Herstellung und Verlag: BoD – Books on Demand, Norderstedt

Printed in Germany

ISBN 978-3-7519-0730-9

Titelfoto: Kater George im Garten. Mit freundlicher Genehmigung von Antje Spiller

4

Vorwort

Tiere sind etwas Wunderbares! Wir haben das Glück, mit einer Katze und einem Kater zusammenwohnen zu können. Gut, das ist nicht immer ganz einfach, weil die beiden hin und wieder einen Dickkopf haben. Es sind halt kleine Persönlichkeiten. Aber die etwas schwierigeren Momente sind selten, es überwiegen eindeutig die schönen Zeiten.

Das Verhalten von unserer ersten Katze namens Foxi und von den jetzt hier wohnenden Samtpfoten namens Paula und George (die Namen stammen nicht von uns, sondern sie haben sie im Tierheim bekommen) gibt sehr oft Anlass zum Schmunzeln, manchmal aber auch zur Sorge – wenn beispielsweise mal wieder ein Revierkampf mit einem Nachbarkater mit Zähnen und Krallen ausgetragen wurde. Zum Glück kommt das nur selten vor und ist bislang glimpflich abgegangen. Umgekehrt machen sich die Samtpfoten auch Sorgen um ihre

Menschen und sind zur Stelle, wenn es einem von uns gerade nicht so gut geht.

Mit einer Katze im Haushalt wird es einem nicht langweilig, aber hat man einen Kater und eine Katze als Mitbewohner, ist immer irgendwo etwas los. Die beiden sind ein nie versiegender Quell an Anekdoten, die sich im Laufe der Jahre rasch summieren und stets für Gesprächsstoff sorgen. Von diesen Erlebnissen mit unseren Samtpfoten und ihren Artgenossen aus der Nachbarschaft handeln die folgenden Gedichte.

Beim Verfassen der Texte habe ich lange überlegt, welche Gedichtform sinnvoll wäre. Ich habe mich schließlich für das japanische Haiku entschieden. Haiku sind dreizeilige Kurzgedichte mit siebzehn Silben, die im Rhythmus 5-7-5 auf die drei Zeilen verteilt werden. Damit werden spezielle Momente detailgetreu eingefangen und kurz, aber prägnant nachgezeichnet. Das Haiku ist also bestens geeignet, die kleinen Geschichten und Anekdoten von unseren tierischen Mitbewohnern und ihren Artgenossen in der

6

Nachbarschaft wiederzugeben. Lassen sie sich vom Zauber der Gedichte und dem Charme der Samtpfoten verzaubern. Ich wünsche Ihnen dabei viel Vergnügen!

Ilsede, im April 2020
Gerhard A. Spiller

Haiku über Katzen

Im Glanz der Sonne
streift sie durch ihren Garten.
Sie blickt sich stets um.

***

Endlich ist Frühling,
stolz geht die Katze umher.
Es ist Paarungszeit.

***

Es ist wieder warm,
doch ihr Fell fühlt sich feucht an.
Es hat geregnet.

***

Herbstlaub als Haufen,
die Katze hat ihn im Blick.
Schon nimmt sie Anlauf…

***

Es liegt sehr viel Schnee,
darin Spuren von Pfoten.
Sie war auf Streifzug.

***

Die Vögel fliehen,
sie sehen eine Katze.
Sie ist sehr enttäuscht.

***

Schmetterlingsflieder,

Vögel lauern auf Beute,

doch die Katze auch.

***

Rabenschwarze Nacht,

deckt den schleichenden Schatten.

Wissende Katze.

***

Die Katze taucht auf.

Voller Angst quiekt die Maus auf,

rennt um ihr Leben.

***

Wachsame Sorglosigkeit (Haiku-Trilogie)

1

Fröhliches Tschilpen

hört man in meinem Garten.

Plötzliche Stille.

2

Auf leisen Pfoten

schleicht eine Katze vorbei.

Ein Patrouillengang.

3

Die Katze ist weg,

das Tschilpen setzt wieder ein.

Die Spannung löst sich.

***

Schnurrende Katze,
um meine Beine streichend.
Besitzmarkierung.

***

Vögel stieben auf,
eine Katze nähert sich.
Sie streift nur umher.

***

Es schnurrt die Katze
vor dem warmen Heizkörper.
Behagliches Sein.

***

Draußen klirrt der Frost.
Behaglich schnurrt die Katze
in meiner Wohnung.

***

Tobende Hausfrau!
Die Katze liegt auf dem Tisch.
Überall Haare!

***

Gespannte Haltung,
etwas vor mir belauernd.
Jagd auf den Schatten.

***

Krankes Herrchen,

die Katze kuschelt sich an.

Sie passt auf mich auf.

***

Mein lautes Rufen

lässt die Katze lossprinten.

Sie will wieder rein.

***

Hungrige Katze,

wartend neben ihrem Napf.

Heut bin ich spät dran.

***

Ihr sanftes Schnurren

erweicht jedes Menschenherz

- selbst eines aus Stein.

***

Selbständig und frei

geben sich meine Katzen

- doch sie mögen mich.

***

Ihr bettelnder Blick

wickelt mich um die Pfote.

Wieder gewinnt sie.

***

Ein trauriger Blick,

mit dem ich erpresst werde.

Die Katze gewinnt.

***

Die greise Katze

ist altersbedingt zahnlos.

Lachende Mäuse.

***

Böser Katzenblick,

gesträubte Nackenhaare!

Ein Hund nähert sich.

***

Die Hausfrau erstarrt:
Markierungen mit Urin!
Rollige Katze.

***

Keine Zähne mehr,
trotzdem schnappt die Katze zu.
Ein schmerzfreier Biss.

***

Nächtliches Scharren,
das Katzenklo wird benutzt.
Draußen regnet es.

***

Schmetterling im Busch,

Vögel lauernd auf dem Baum,

Katze am Baumfuß...

***

Still senkt sich die Nacht,

deckt den schleichenden Schatten.

Wissende Katze.

***

Still liegt der Teich da.

Eine Katze nähert sich

- sie will nur trinken.

***

Der Katzenbuckel
soll den Gegner einschüchtern.
Manchmal erfolgreich.

***

Das samtweiche Fell
ist vom Regenschauer nass.
Ferner Unterstand.

***

Katzen unter sich,
was wohl ihre Themen sind?
Klatsch wie bei Menschen?

***

Streicheleinheiten,

danach sehnen sich Katzen.

Sie zeigen es nicht.

***

Der Joghurt duftet,

am Boden giert die Katze.

Sie ist sprungbereit.

***

Ein Mensch mit Teller

sitzt bequem auf dem Sofa,

doch nicht mehr lange…

***

Ein neues Futter,
‚Huhn mit Nudeln in Soße‘.
Ungläubiger Blick.

***

Katze im Schleichgang,
sie scheint Beute zu sehen.
Ein plötzlicher Sprung…

***

Mäuse unter sich,
sie lästern über Katzen.
Ein ‚Mutmach-Programm‘.

***

Ein enttäuschter Blick,
nur Trockenfutter im Napf.
Sie will Feuchtfutter.

***

Ein rostrotes Blatt
segelt langsam zu Boden,
misstrauisch beäugt.

***

Picknick der Nachbarn
auf dem eigenen Grundstück.
Die Katze als Gast.

***

Die Blumenblätter
werden über Nacht kleiner.
Ein ‚Katzensalat'.

***

Lautes Feuerwerk,
mein Bett als ihre Zuflucht.
Katze in Panik.

***

Ein bettelnder Blick,
sie will meinen Sofaplatz.
Sie gewinnt immer.

***

Heute ist Neujahr,
ich lasse die Katze raus.
Angst vor Blindgängern.

***

Die Katze ist krank,
sie muss Medizin schlucken.
Es geht nur mit Tricks.

***

Sie schläft tief und fest,
verprügelt im Traum Kater.
Real flüchtet sie.

***

Sie hat gekostet,

die Pflanze scheint zu schmecken.

Tobendes Frauchen.

***

Zuckende Beine,

sie träumt von der Mäusejagd.

Jetzt kaut sie im Schlaf.

***

Erfolgreiche Jagd,

sie zeigt stolz ihre Beute.

Die ist zum Glück tot.

***

Kuchen mit Sahne,

magische Anziehungskraft.

Hoffnungsfroher Blick.

***

Gebrochener Fuß,

Herrchen humpelt an Krücken.

Die Katze hat Angst.

***

Die Katze will raus,

doch Herrchen ist nicht so schnell.

Das Frauchen hilft aus.

***

Wärme statt Kälte,

die Katze ist irritiert.

Ist doch schon Frühling?

***

Es weht milder Wind,

im Garten grünt und blüht es.

Stromernde Katze.

***

Ringsum Bewegung,

kein Artgenosse in Sicht.

Glückliche Katze,

***

Lachende Menschen
sitzen in ihrem Garten.
Achtsame Katze.

***

Ein Kind kommt näher,
es hat die Katze erspäht.
Streicheleinheiten.

***

Abfahrt des Wagens,
doch die Katze bleibt zurück.
Start in den Urlaub.

***

Novembernebel,
geheimnisvolle Schemen.
Wachsame Katze.

***

Garten unter Schnee,
die Katze will ganz kurz raus.
Nur ein Pflichtrundgang.

***

Die dünne Schneeschicht
beschert ihr nasse Pfoten.
Gründliches Putzen.

***

Über Nacht draußen,
nun hat sie eine Zecke.
Die Menschen helfen.

***

Im Schein des Mondes
streift sie im Garten umher.
Wachsame Sinne.

***

Ein Gewitter naht,
sie sitzt unter der Treppe.
Dort ist sie geschützt.

***

Die Katze will rein,

Frauchen ist ihr zu langsam.

Wüste Beschimpfung!

***

Die Katze meckert,

weil ihr das Futter nicht passt.

Kein Futterwechsel.

***

Man hört das Schmatzen,

diesmal schmeckt ihr das Futter.

Sie leckt sich das Maul.

***

Haiku über Kater

Es ist klirrend kalt!
Er liegt auf meinem Sofa
und träumt vom Sommer.

***

Auf dem warmen Hof
liegt träge unser Kater,
hat uns fest im Blick.

***

Der alte Kater
gedenkt der Abenteuer
in seiner Jugend.

***

Hell strahlt der Vollmond,
zwei Kater belauern sich
wie Boxer im Ring.

***

Wildes Gefauche,
zwei kampfbereite Kater.
Ein Revierkampf tobt.

***

Mitten in der Nacht,
zwei Kater fauchen sich an.
Reviersicherung.

***

Der alte Kater

lässt seine Augen wandern.

Ein letzter Rundblick

***

Mein alter Kater

betrachtet ‚seinen' Garten.

Er genießt sein Reich.

***

Der alte Kater

spielt mit einer kleinen Maus.

Grausames Schauspiel.

***

Komische Laute!
Der schlafende Kater schnarcht
auf meinem Sofa.

***

Mein Kater wird laut,
beschimpft den Nachbarkater.
Revierbehauptung.

***

In meinem Auto
nähere ich mich dem Haus.
Empfang vom Kater.

***

Mein Kater dreht durch,
er hat den Igel entdeckt!
Schlechte Erfahrung.

***

Schlimme Prügelei,
sie drehen sich in der Luft
- Revierstreitigkeit.

***

Er fühlt sich sehr stark
hinter der Fensterscheibe.
Nachher geht es raus...

***

Der Kater ist fort!
Keine Rückkehr vom Streifzug.
Frühlingsgefühle.

***

Ein Koffer im Flur,
der Kater sieht ihn nicht gern.
Er wird gut versorgt.

***

Transportbox im Flur,
Impftermin bei Tierärztin.
Kater in Sorge.

***

Strömender Regen,

die Treppe als Unterstand.

Das Fell bleibt trocken.

***

Einsamer Kater,

sein Mensch ist jäh verstorben.

Traurige Zukunft.

***

Er ist auf Streifzug,

zum Glück ist wenig Verkehr.

Anliegerstraße.

***

Nächtlicher Regen.

Ein Kater auf Patrouille.

Es macht keinen Spaß.

***

Mit ängstlichem Blick

schaue ich auf den Verkehr.

Angst um den Kater.

***

Rückkehr vom Streifzug,

tiefer Schlaf auf dem Sofa.

Erschöpfter Kater.

***

Revierstreitigkeit,

er ist vom Kampf gezeichnet.

Nur zweiter Sieger.

***

Ein enttäuschter Blick

in den frisch befüllten Napf.

Verschmähtes Futter.

***

Lange unterwegs,

erschöpft kehrt der Kater heim.

Er spürt sein Alter.

***

Nach langem Streifzug
geht der Kater gleich schlafen.
Nicht mehr der Jüngste.

***

Er hat schwer gekämpft,
doch nicht mit der Mäuseschar.
Gegner war ein Hund!

***

Lauernder Kater,
die Maus hockt in ihrem Loch.
Geduld ist gefragt.

***

Mitten im Zimmer

spürt der Kater den Haarball.

Heftiges Würgen.

***

Misstrauischer Blick

in den befüllten Napf.

Ein neues Futter.

***

Ein müder Kater

nähert sich unserem Haus.

Die Jagd war stressig.

***

Kuchen mit Sahne,

die Menschen essen das gerne.

Bettelnder Kater.

***

Kämpfende Kater,

sie geben sich kein Pardon.

Besuch beim Tierarzt.

***

Müde kehrt er heim.

Anstrengende Mäusejagd.

Nun braucht er viel Schlaf.

***

Ein lautes ‚Miau!'
macht die Menschen aufmerksam:
Der Kater will raus.

***

Gespannter Körper,
ein Mauseloch im Garten.
Erwachter Jagdtrieb.

***

Hühnchen mit Beilage,
die Nudeln bleiben übrig.
Ein Gourmetkater.

***

Der Kater will raus,
es fehlt die Katzenklappe.
Ein Mensch als Pförtner.

***

Blick voller Ekel,
Spitzmäuse schmecken ihm nicht.
Verwöhnter Kater.

***

Aus Nachbars Keller
ertönt lautes Miauen.
Im Fenster geirrt.

***

Es ist Silvester,

draußen knallen die Böller.

Ängstlicher Kater.

***

Hungriger Kater,

doch sein Futter schmeckt ihm nicht.

Blick in Nachbars Napf.

***

Gute Leberwurst,

gefüllt mit der Medizin.

Tarnung ist alles.

***

Heftiges Zucken,

mein Kater träumt von der Jagd.

Sie dauert lange.

***

Nach der Prügelei

fühlt sich mein Kater als Held.

Kleine Fleischwunde.

***

Mit gesenktem Haupt

schleicht mein Kater ins Haus.

Verlorener Kampf.

***

Ihm sträubt sich das Fell,

ein Hund nähert sich dem Haus,

dreht dann jedoch ab.

***

Zerzauster Kater,

Sieger sehen anders aus.

Jubelnder Nachbar.

***

Rasch verkriecht er sich

voller Angst in meinem Bett.

Mein Bett als Bunker.

***

Mein Gourmetkater
liebt Feuchtfutter mit Sauce.
Sahne zieht er vor.

***

Leuchtende Augen,
es gibt wieder Leberwurst!
Ohne Medizin!

***

Etwas ist anders,
sein Herrchen liegt danieder.
Sorgenvoller Blick.

***

Der Kater flüchtet,

ein Hund läuft zu ihm rüber.

Er will nur spielen.

***

Spitzmaus im Garten,

der Kater zeigt Abneigung.

Sie schmecken ihm nicht.

***

Kein Schmusekater,

aber auf seine Art lieb.

Seine Eigenart.

***

Die Nacht bricht herein,
warmes Wetter und Vollmond.
Der Kater bleibt weg.

***

Nach der Prügelei
ist er im Gesicht verletzt.
Fahrt zur Tierärztin.

***

Verschnupfter Kater,
strikter Aufenthalt im Haus.
Die Vögel freut es.

***

Ihm sträubt sich das Fell,
der Nachbarkater ist da.
Wildes Gefauche.

***

Eine Maus im Gras,
er fühlt sich nicht zuständig.
Nur leichtes Blinzeln.

***

Er liegt auf dem Tisch,
verstößt gegen die Regeln.
Ärger mit Frauchen.

***

Im Herbst des Lebens
ist mein Kater noch sehr fit.
Revierkampf hält jung.

***

Erst zum Futternapf,
danach folgt die Fellpflege.
Tagesroutine.

***

Seit seinem Einzug
muss ich das Sofa teilen.
Sein Gewohnheitsrecht.

***

Ich lasse ihn rein,
doch dann ist er verschwunden.
Er spielt Verstecken.

***

Ein Sturm zieht heran,
doch der Kater will nicht rein.
Lernen durch spüren.

***

Er kehrt wieder heim,
schaut dabei zufrieden drein.
Erneut gewonnen.

***

In Rückenlage
hält er seinen Schönheitsschlaf.
Nötig ist der nicht.

***

Auf meinen Beinen
kommt der Kater ins Rutschen.
Rasch krallt er sich fest…

***

Rückkehr des Katers,
er nascht am Trockenfutter.
Keine Lust zur Jagd.

***

Haiku über Katzen und Kater

Der Kater miaut
ein Ständchen für die Katze.
Der Minnesang lebt!

***

Kater und Katze
leben in einer Wohnung.
Ein Nichtangriffspakt.

***

Die Katze will rein,
doch der Kater will das auch.
Streit um den Vortritt.

***

Ärgerlicher Blick:

Die Katze will auf den Schoß,

dort liegt der Kater.

***

Warme Frühlingszeit!

Alle Katzen sind rollig,

buhlen Tag und Nacht.

***

Neben der Haustür

verschütteter Baldrian.

Nächtlicher Gesang.

***

Die Katzenminze
erblüht unter der Sonne.
Eifriges Kauen.

***

Kater und Katze
scharwenzeln umeinander.
Frühlingsgefühle.

***

Nächtliches Fauchen
erschreckt schlafende Menschen.
Katze nervt Kater.

***

Ein Kater zieht ein,
zusätzlich zu der Katze.
Entsetzte Blicke.

***

Schmackhafte Blätter,
die Katze liebt die Blume.
Der Kater giert auch.

***

Straßen zu Neujahr,
bedeckt von Feuerwerksmüll.
Angst um die Katzen.

***

Lädierte Katze,
heute siegte der Kater.
Mitbewohnerzoff.

***

Endlich herrscht Ruhe
nach dem wilden Gefauche.
Streitgrund unbekannt.

***

Die Wohngemeinschaft
arrangiert sich so leidlich.
Doch nicht für lange…

***

Himmlische Ruhe,
vielleicht reicht sie für die Nacht.
Leider ist Vollmond…

***

Herrchen auf Reisen,
es füttert ein Ersatzmensch.
Kritische Blicke.

***

Wachsamer Kater,
die Mauselöcher im Blick.
Die Katze hilft ihm.

***

Durch das hohe Gras

führt sichtbar ein Trampelpfad.

Weg der Samtpfoten.

***

Der warme Schlafplatz

lässt sie heute friedlich sein.

Draußen tobt ein Sturm.

***

Katze und Kater

genießen Aufmerksamkeit.

Suche nach Zecken.

***

Kater auf dem Hof,
kranke Katze am Fenster.
Neidische Blicke.

***

Sie ruht im Körbchen,
er schläft fest auf dem Sofa.
Erschöpft vom Tagwerk.

***

Nächtliches Kratzen,
die Katze will nach draußen.
Er schließt sich rasch an.

***

Kuchen mit Sahne!
Die Katze leckt sich das Maul,
der Kater giert auch.

***

Kein Kater in Sicht,
er hat den Anschluss verpasst.
Sie ist schon im Haus.

***

Wir haben Besuch,
die Katze ist aufgeregt.
Er schaut nur kurz auf.

***

Durstige Katze,

sie labt sich am Gartenteich.

Der Kater schaut zu.

***

Flink wie ein Jungtier

erklimmt die Katze den Baum.

Der Kater zögert.

***

Ein Mensch mit Säge,

misstrauisch beobachtet.

Angst um ihren Baum.

***

Mäuse im Garten,

doch die Katze stört es nicht.

Der Kater gähnt nur.

***

Endlich Sonnenschein!

Er sprintet durch den Garten,

sie liegt auf dem Hof.

***

Sie schmust nur manchmal,

während er das Streicheln liebt.

Mensch muss abwägen.

***

Sie läuft durch das Gras,

nimmt immer den gleichen Weg.

Er macht es ihr nach.

***

Sie sieht den Koffer

und ignoriert ihn eisern.

Der Kater macht das auch.

***

Sie macht Dummheiten,

Frauchen schimpft deshalb mit ihr.

Der Kater hört zu.

***

Ein wildes Fauchen,

sie streiten um den Schlafplatz.

Beide fliegen raus.

***

Draußen regnet es,

beide warten vor der Tür.

Endlich geht sie auf!

***

Die Katze sonnt sich,

der Kater stromert herum.

Ein Sommeridyll.

***

Tiefer Schlaf des Katers,

dabei schnauft er vor sich hin.

Sie ignoriert ihn.

***

Snooker im TV,

ein gedämpfter Lärmpegel.

Entspannte Katzen.

***

Mitten in der Nacht

schleicht der Kater zum Fressnapf.

Die Katze folgt ihm.

***

Der Staubsauger naht,
beide ergreifen die Flucht.
Sie hassen den Lärm.

***

Kritik am Futter,
ungehaltenes Mauzen.
Der Kater stimmt ein.

***

Trotz starkem Schneefall
will der Kater nach draußen.
Die Katze zögert.

***

Schnell schließt sich die Tür,

die Katze schlüpft noch rasch durch.

Er schafft es nicht mehr.

***

Ein Leckerbissen,

beide naschen das Gleiche:

Gute Leberwurst.

***

Die Türklingel schrillt,

Katze und Kater lauschen.

Nur der Briefträger.

***

Der Kater will rein,

die Katze dagegen raus.

Sie belauern sich.

***

Ein Freund schaut vorbei,

die Samtpfoten sind empört:

Sein Hund ist dabei!

***

Schmutzwäsche im Korb,

die Katze ist fasziniert.

Er ist gelangweilt.

***

Herrchens kranker Fuß
wird ausgiebig beschnuppert.
Sie sind in Sorge.

***

Draußen tobt ein Sturm,
genüsslich gähnt die Katze.
Der Kater putzt sich.

***

Verschmuste Katze,
sie weiß von der Leberwurst.
Wachsamer Kater.

***

Der Kater putzt sich,
die Katze schaut dabei zu.
Noch ist sie friedlich.

***

Hoch auf dem Kratzbaum
schläft die Katze tief und fest.
Er überlegt noch.

***

Beide sind Meister
der Manipulation.
Wir merken es nicht.

***

Heftiges Zucken,

der Kater träumt von der Jagd.

Die Katze schreckt auf.

***

Sie reibt ihren Kopf

intensiv an meinem Buch.

Er hat schon markiert.

***

Ein fremder Kater

schleicht nachts durch ,ihren' Garten.

Beide suchen ihn.

***

Die Katze ist krank,
sie hat sein volles Mitleid.
Bis zur Genesung.

***

Der Postbote naht,
sie rennen an ihm vorbei.
Er kommt ins Stolpern.

***

Unter dem Flieder
sitzt verborgen die Katze.
Der Kater weiß das.

***

Ein Nachbarkater
wird von den beiden gestellt.
Revierverletzung.

***

Sie ist aufmerksam:
Flugbetrieb am Vogelhaus.
Er bleibt ungerührt.

***

Freudiges Miau:
Baldrian lässt sie singen.
Zum Glück beim Nachbarn.

***

Endlich ist Frühjahr,

die Katzenminze erblüht.

Ein Festmahl für sie.

***

Sie schlendert zum Teich,

will dort ihren Durst löschen.

Er lauert ihr auf.

***

Sie fauchen sich an,

dann sind sie wieder Freunde.

Wie bei den Menschen.

***

Vom gleichen Autor sind erschienen:

Elysische Impressionen, Ausgewählte Haiku.
ISBN 978-3-7392-6893-4

Sinnliche Holdseligkeit, Liebeslyrik in Form von
Haiku. ISBN 978-3-7412-7164-9

Ich grüße den Uhu, Fechsungen für die Sippun-
gen der Schlaraffia. ISBN 978-3-7412-9363-4